8
おまもり
ふくがいっぱい

きょうもよく
がんばりました

# あの子は優しい。

気づいた
あなたも
きっと
優しい。

もくもくちゃん

# はじめに

また会えたね。

「また会えた」って、うれしい言葉。
「会った」じゃなくて、会えたんだ。

今、この瞬間の、たくさんの幸せ。
わたしたちには毎日、明日があって、明後日があって、
来月があって来年、もっと先もある。

これからにとって、今日がはじまりの日かもしれない。
そんな「今日」は、毎日来る。
わたしたち、なんだってできるね！

わたしは今日、あなたに会えてうれしいです。
この本を開いてくれて、ありがとう。
会いにきてくれて、ありがとう。

# CONTENTS

あなたが
がんばって
いること、
知ってるからね。

今日もお仕事をがんばっている人の家を
こっそり訪問しているイヌ

# 元気がない子のところに現れるアルパカ

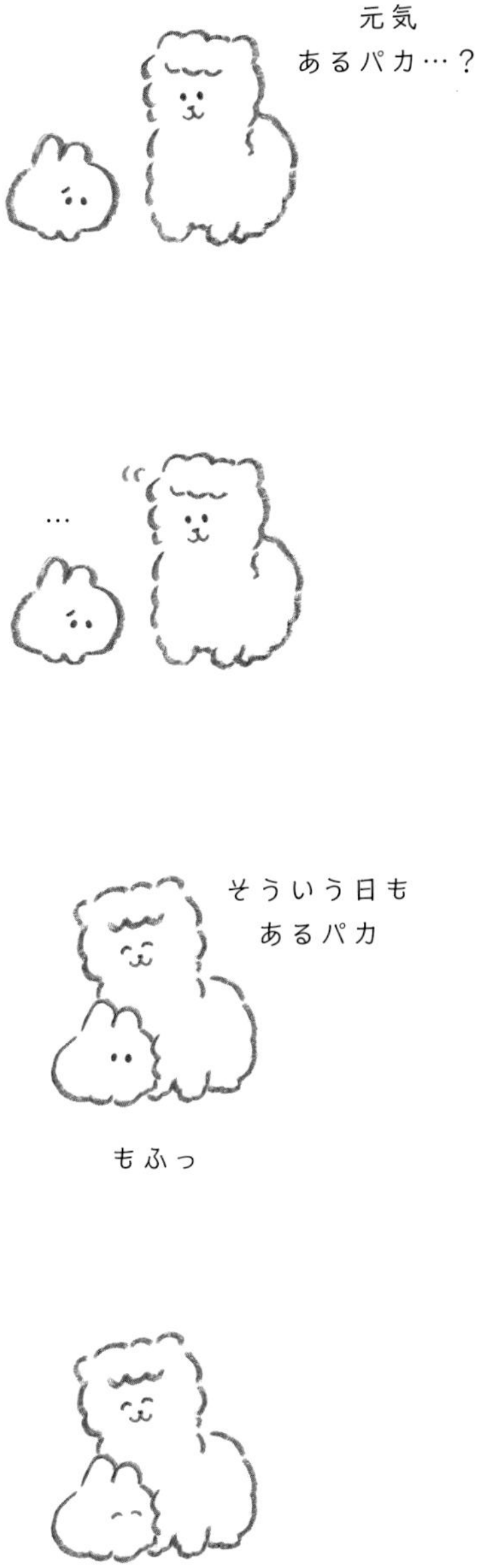
元気
あるパカ…？
…
そういう日も
あるパカ
もふっ

# 落ち込む人のところに現れるカッパ

お布団
↓
ずりずり
カッパ巻き～
ぎゅっ
だんだん
あったかくなる
だんだん
だいじょうぶになる

がんばりすぎないでね

だいじょうぶ？　だいじょうぶ！

「だいじょうぶじゃない」
って言って
だいじょうぶ

今日もがんばった人が
かえってきたら
いるいきものたち

アイデアが浮かばない人のところに現れるアザラシ

# ためこまないでほしいと思っているシロクマ

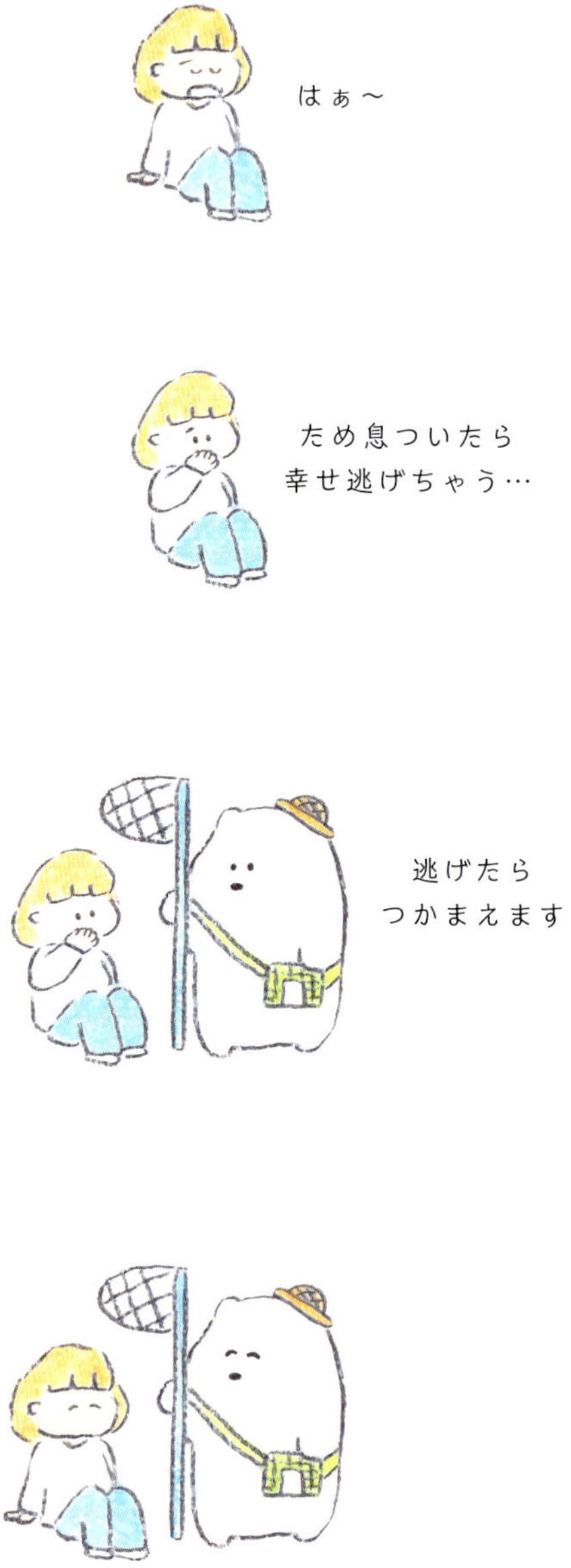
はぁ〜
ため息ついたら
幸せ逃げちゃう…
逃げたら
つかまえます

今日悲しいことがあったウサギと
そんなウサギに会いにきたたぬき

たぬきさん
こんばんは…

ぼくね、
たぬきじゃないよ。
「悲しかったぬき」だよ

今日の
「悲しかった」を
きみから
抜いてあげるんだ

なでなで

ぽろぽろ

そうそう。
泣いてもいいんだよ

沈む心に寄り添うアザラシ

大丈夫のぬくもり

# 自信を探してあげたかったイヌ

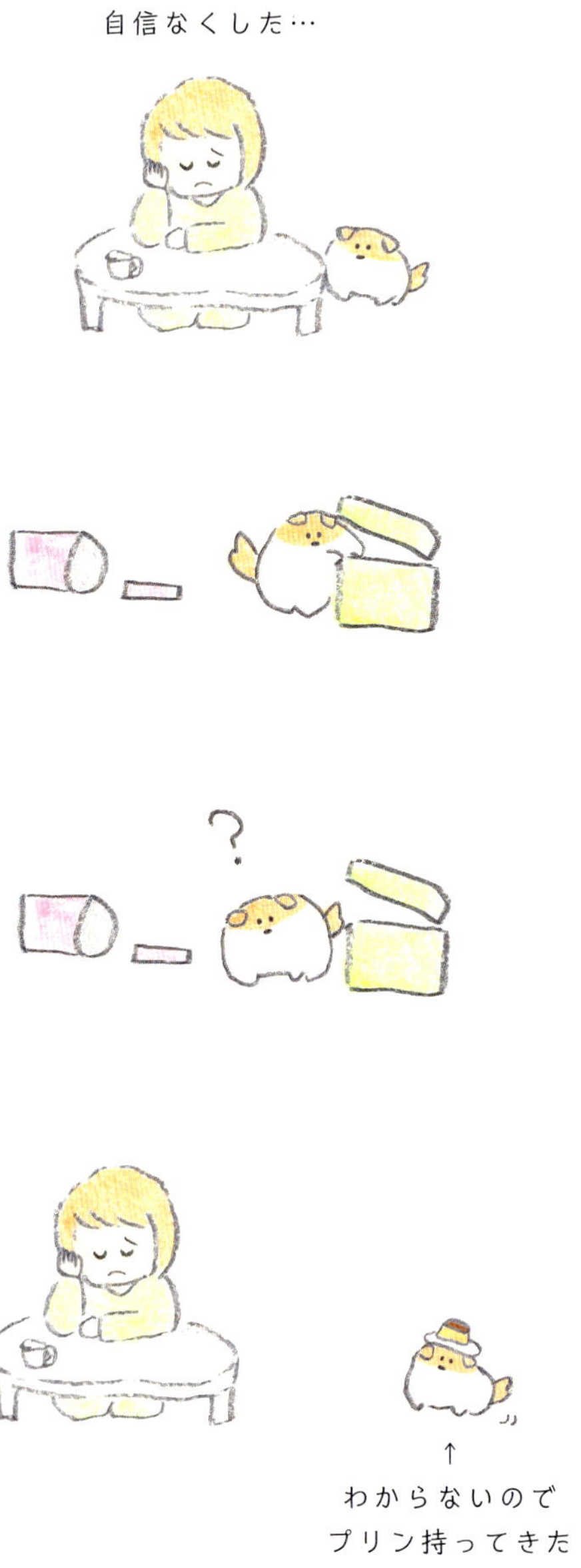
自信なくした…
?
↑
わからないので
プリン持ってきた

がんばりすぎている人のところに現れるオニ

自分でやらなくちゃ…
がんばらなくちゃ…
ひとりで
がんばりすぎ！
それ、おいしい
チョコパンだから
食べて

# 疲れトリ

# 泣くのをずっと我慢している人のところに現れるカッパ

人間って
おめめから
お水流せるでしょ

ぼくはね、
あたまのお皿に
お水が必要なの

だから
だいじょうぶ

だいじょうぶ
だからね

# 毎日がかんぺきじゃなくていい

今日ね、みんなに
優しくできなかった

いいの！いいの！
そういうときもあるの！

じゃあ今日は
ぼくがきみに
優しくする日！

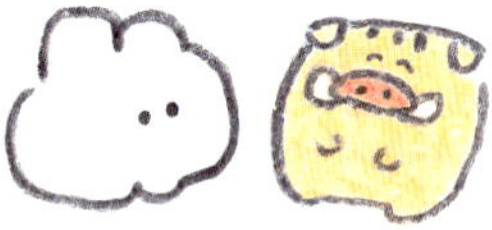

きみは
優しくされる日〜♪

なにかがんばるたびに
ご褒美シールをくれるアザラシ

# 落ち込むウサギと
# 秋に旬ななかまたち

しゅん…

偶然だ～！
ぼくたちも
今がしゅん～！

「しゅん」って
ずっとは
続かないからさ

だから
だいじょうぶになるよ

# 人を幸せにしたいフクロウ

あなたに福を
呼びますので
だいじょうぶ…？
たためる…？
↑
なにか手伝いたい
てれび
↑
なんかずっと
そばにいる
なんか幸せ
↓

心がいっぱいいっぱいになったら
ゆっくり休んで大丈夫

# ぜんぶ受け止めてくれるヒツジ

のっそ　　　　のっそ

悲しいこと
ぜーんぶ吐き出して

# がんばらない時間

いつまで
がんばれば
いいんだろう…

今日は
ここまでーーー！！！

がんばらない時間をつくる
がんばりも必要だよ

明日が不安でねむれない人の
不安な心をあずかりにきたアザラシ

不安な心
おあずかりします～！

ゆっくりおやすみ

心もぐっすり
休まなきゃ

だいじょうぶだからね

COLUMN

# あの子たちは…

クリスマスに向けての採用面接

特技とかありますか？
…吹奏楽部だったので
鈴の音が
きれいに鳴らせます
シャン
シャン
ごうかく

COLUMN

# そのころ、

豆を投げられたくないので
町内の掃除や明るいあいさつで
人間にすかれようとするオニたち

おはようございまーす！
ごみ

あの子は優しい。
気づいたあなたも
きっと優しい。

# 笑顔になってほしい人がいるということ

アイスおいしいな

持っていこ♪
持っていこ♪

忘れないでね。
きみの笑顔はとっても素敵だってこと

バイバイじゃなくて
またねがいいな

会えるの
これが最後だったら
どうしよう

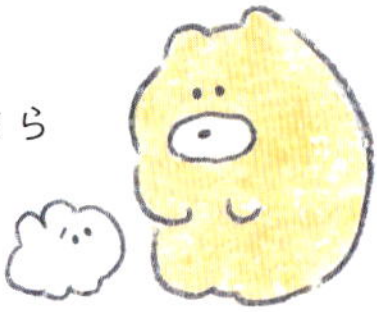

?

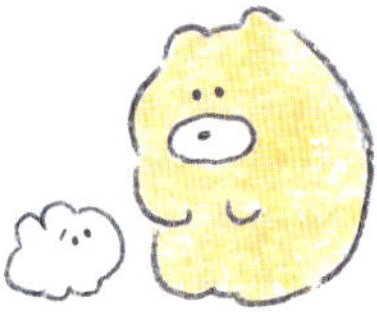

なでなでして…

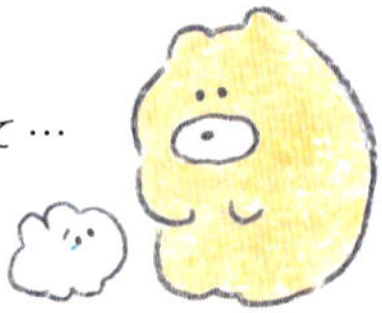

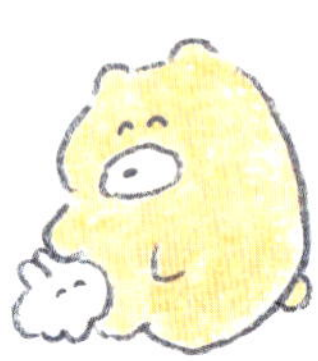

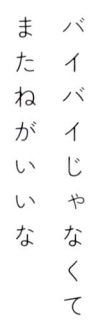

# すきを大切にすること

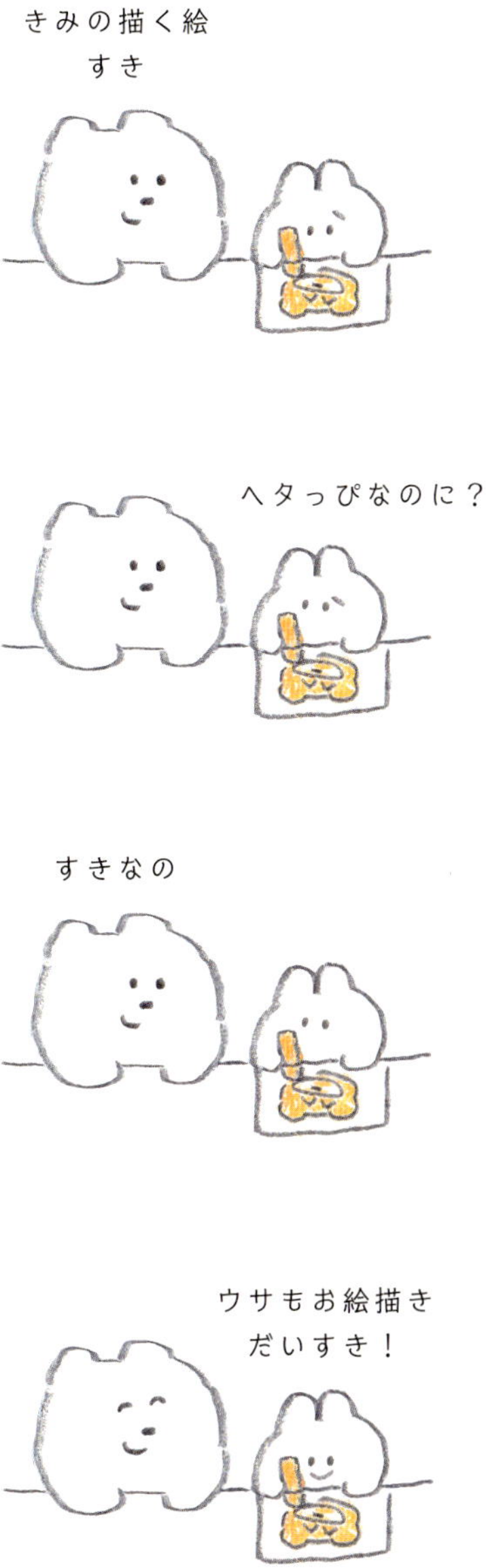
きみの描く絵
すき
ヘタっぴなのに？
すきなの
ウサもお絵描き
だいすき！

# 道はひとつじゃないこと

行かないことは
逃げることじゃないよ

立ち止まってもいい。
ゆっくり休んでもいい。
もっと世界は広いから。

そのことに気づけるかもしれないよ。

はじめまして

みんなそれぞれ、違うものを持っている。
だから助け合えるのよ

なにを食べたかではなくて
だれと食べたか

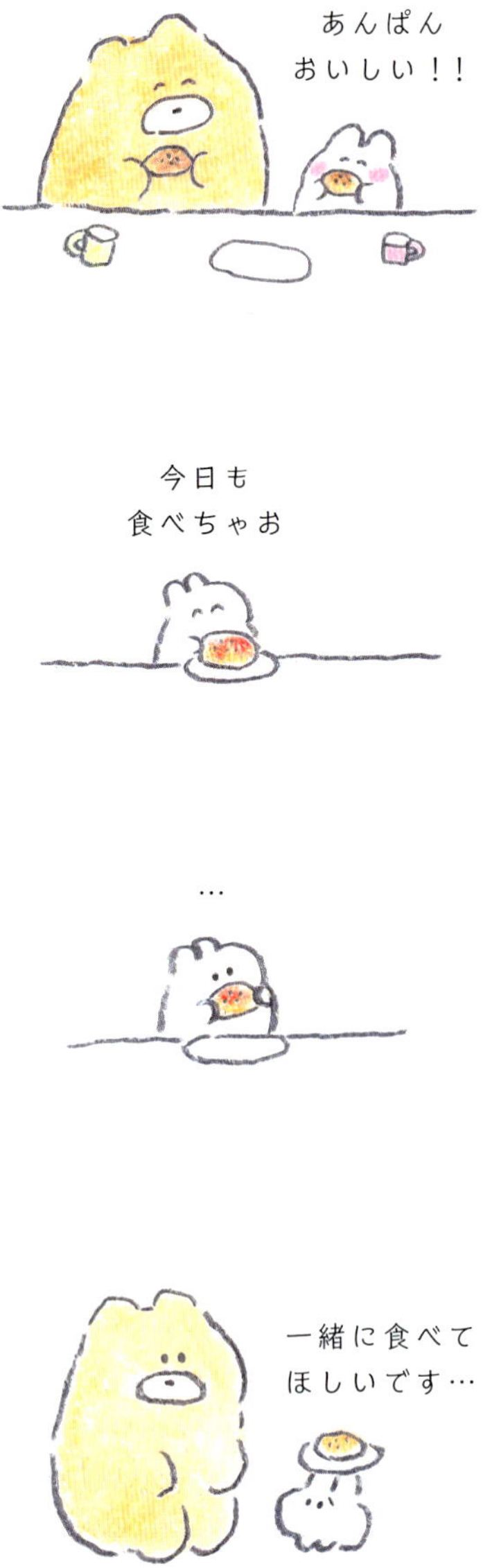

あんぱん
おいしい!!
今日も
食べちゃお
…
一緒に食べて
ほしいです…

優しさに触れることはできる

きみを
なでなで
してあげられなくて
悲しい

きみにはきみの
ぼくにはぼくの
うれしいことって
あると思う

ぼくは今日
きみに会えて
うれしい

その言葉が
うれしい

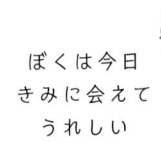

きみからもらった優しさ。大切に大切にとっておこう。
いつか返せたらいいな。だれかにもわけてあげられたらいいな。

愛ってね、伝わるよ。

きみがいる当たり前を
もっと大切にしなくちゃって
悲しくなってから気づくんだ

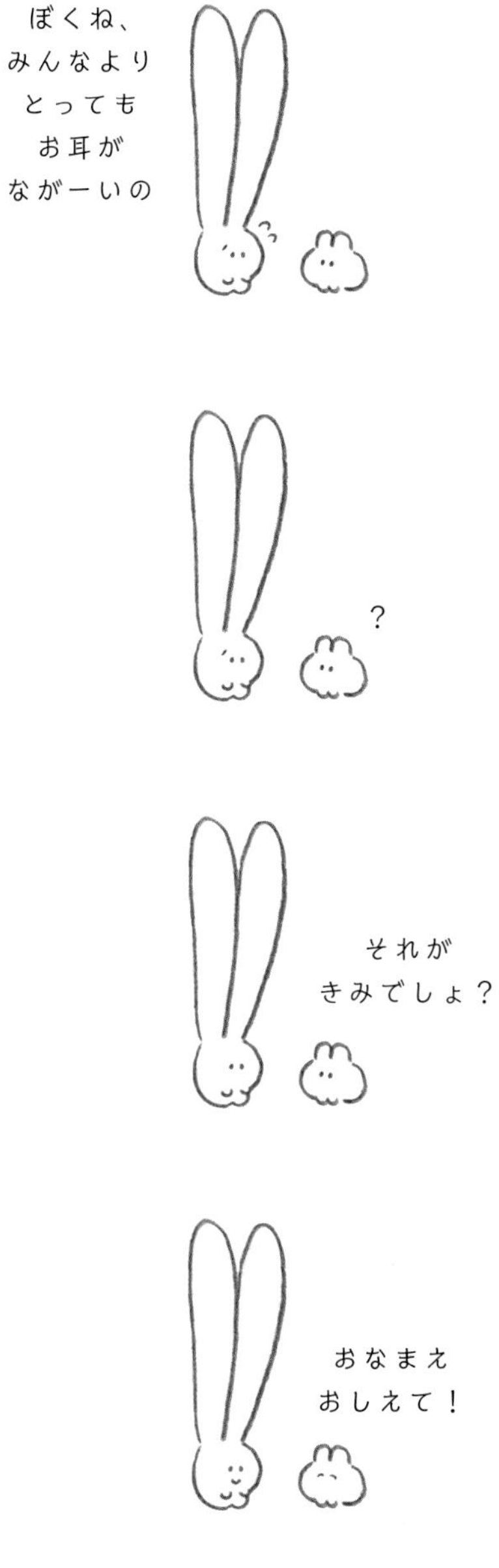
ぼくね、
みんなより
とっても
お耳が
ながーいの
？
それが
きみでしょ？
おなまえ
おしえて！

みんなと比べてとか
そんなんじゃなくてさ

一部だけをみて
きみを決めつけない

# 言葉を相手に伝えること

ありがとうも
だいすきも
せっかく
言葉があるのに
うまく言えない

言われなくても
なにも変わらないかも
しれない

でも
言われたら
とってもうれしい

とっても

わたしの普通は
あなたの普通ではないこと

お手数ですが
切手を
お貼りください

郵便はがき

1 5 0 - 8 4 8 2

東京都渋谷区恵比寿4-4-9
えびす大黑ビル
ワニブックス 書籍編集部

**お買い求めいただいた本のタイトル**

本書をお買い上げいただきまして、誠にありがとうございます。
本アンケートにお答えいただけたら幸いです。
ご返信いただいた方の中から、
**抽選で毎月5名様に図書カード(1000円分)をプレゼントします。**

ご住所　〒

TEL(　　-　　-　　)

(ふりがな)
お名前

ご職業

年齢　　歳

性別　男・女

いただいたご感想を、新聞広告などに匿名で
使用してもよろしいですか？　(はい・いいえ)

※ご記入いただいた「個人情報」は、許可なく他の目的で使用することはありませ
※いただいたご感想は、一部内容を改変させていただく可能性があります。

## ●この本をどこでお知りになりましたか?(複数回答可)

1. 書店で実物を見て　2. 知人にすすめられて
3. テレビで観た(番組名:　)
4. ラジオで聴いた(番組名:　)
5. 新聞・雑誌の書評や記事(紙・誌名:　)
6. インターネットで(具体的に:　)
7. 新聞広告(　新聞)　8. その他(　)

## ●購入された動機は何ですか?(複数回答可)

1. タイトルにひかれた　2. テーマに興味をもった
3. 装丁・デザインにひかれた　4. 広告や書評にひかれた
5. その他(　)

## ●この本で特に良かったページはありますか?

[　]

## ●最近気になる人や話題はありますか?

[　]

## ●この本についてのご意見・ご感想をお書きください。

[　]

以上となります。ご協力ありがとうございました。

小さいでも、大きいでもなくて。
きみが大切。

# 出会ってくれてありがとう

いつか
お別れしちゃうから
出会わないほうが
悲しくないよ

お別れのために
出会ったんじゃないよ

出会えて
幸せだもん

この幸せのためだよ

目の前のことが変わらなくても
あなたの存在がわたしを変える

冬さんにお別れのあいさつができなかったウサギ

冬さんに
お手紙出すの

「春はあたたかいよ」
って

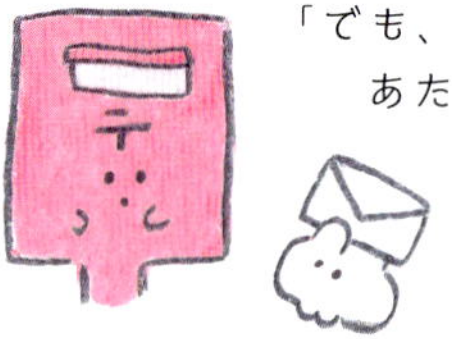

「でも、冬さんがいたから
あたたかいんだよ」
って

「だいすきだよ。
また会おうね」
って

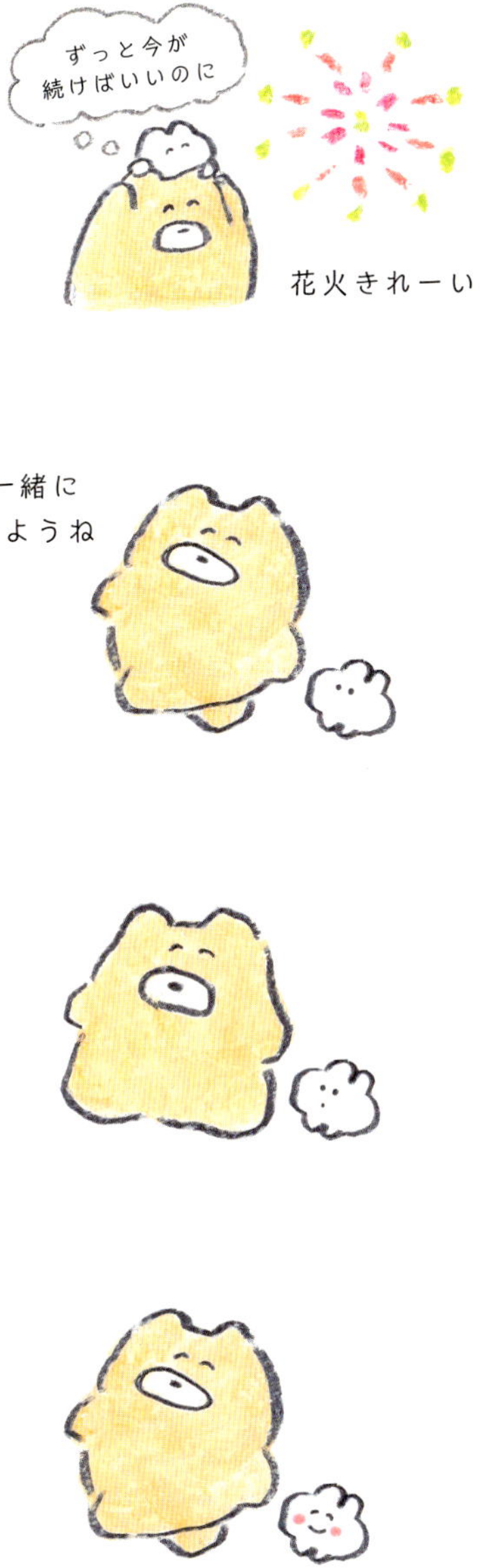
ずっと今が
続けばいいのに
花火きれーい
また一緒に
みにこようね

そっか。
幸せって今日だけじゃないんだ。

今きみが目の前にいること。
それってきっとすごい奇跡。

# たのしみがある

明日
かきごおり
食べに行こう

明後日
一緒にかきごおり
食べに行かない？

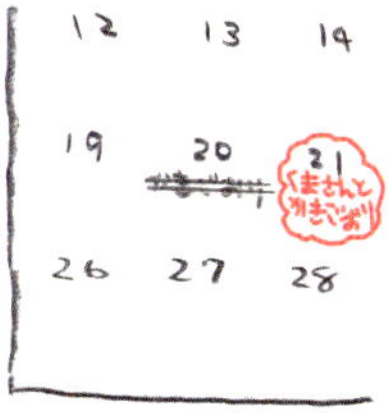

きみに元気でいてほしい。
結局それがいちばんだ。

弱い自分をみせる強さも必要なこと

今日も会えたね。うれしいね。

# 明日が不安でねむれない人のところに現れるウサギたち

「ねむらなくちゃ」
って気持ち、
嫌だよねぇ

ねたら勝ち！って
ゲームしよう！

勝った人には
なでなでね！

なでなで

なでなで

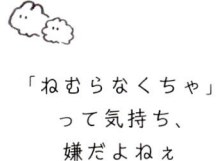

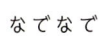

COLUMN

# あの子たちは…

## クリスマスに向けてがんばる人々

今、ハロウィンが
盛り上がってる
らしいです

でもワシらは
クリスマスの準備を
しないといけんし…

そうですよね…

～次の日～

COLUMN

# そのころ、

オニのお悩み相談所

なやみそうだんじょ

ハリセンボンです…。
ビックリすると
すぐ顔に出ちゃうんです…。
もっとクールでいたいのに…。
なやみそうだんじょ

かわいいマスクを
かぶっておこう

ビャッ
あっ…

幸せだと
いうことに
気づけた人が幸せ。

さくらの花びらをキャッチできたら
お願いごとが叶うんだって

花びらさん
おいで～

キャッチ
できた！！
あれ…？

なでウサちゃんが
花びらキャッチ
できますように…

できたー！！！

# ぼくは、ぼくでよかった。

ぼくはキリン。
だけど小さい。

ある日、出会ったきみ。

「なにしてるの？」
「キリンさんたちが
踏まないように
落ちてる石を運んでいるんだ」

きみの優しさ、
きっとぼくしか知らない。
小さいぼくだから、
きみに出会えた。

「ぼくも一緒に
運んでいい？」

すきと言われたい片想いちゃん

マイクさんにも話させてあげたいシロクマ

きみの声で自由に
話してもいいんだよ

イヌ「そんなにお花がほしいならみつけてきてあげるよ！」

なにも踏まないように
動けないでいる優しい怪獣

きみもされたいんじゃないかと思って

おー
たかーいジャンプの
練習してるの
上手だよ
あのねー！
練習したから
きっとできるよ！
なでなで！！

くもさんは
もふもふで
かわいいのに

なでなでして
もらえないなんて
かわいそう

あの子もされたいんじゃないかと思って

なでなでのつもり

## お皿をあらおう！

ごちそうさまー！
お皿をあらおう！

こっちかー！

カバンさんだって
すきなところにお出かけしたいよね！

きみがいてよかった

今日はなにも
うまくいかない…

じゃあ
今から
うまくいこう！

うまい　うまい！

ほく　ほく

だれも風邪をひきませんように……

きみがすきだよ。だれになにを言われても。

おまもり屋さん

おまもり
ひとつください

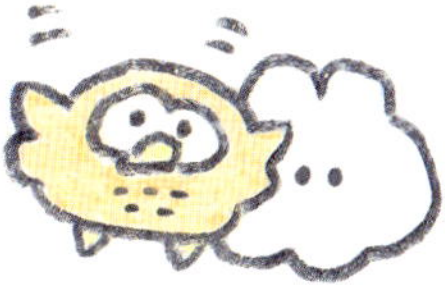

まもってくれてる…

もしこれが冷めても、思い出はずっとわたしに残る。

# 七夕前夜の織り姫

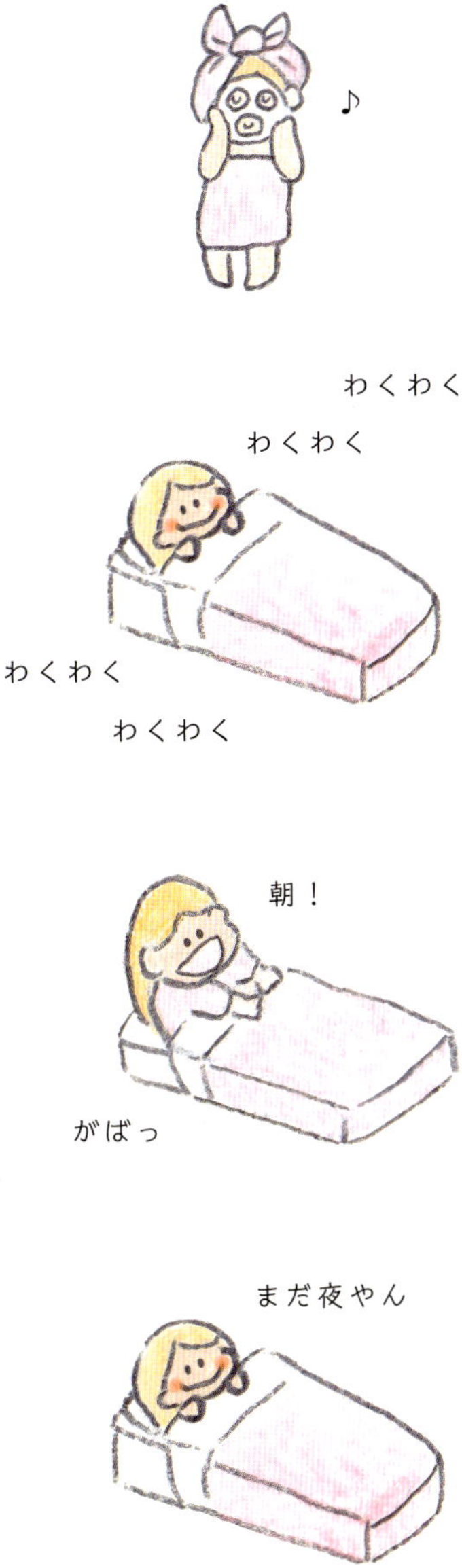
♪
わくわく
わくわく
わくわく
わくわく
朝！
がばっ
まだ夜やん

# 悲しいときはこっちにおいで

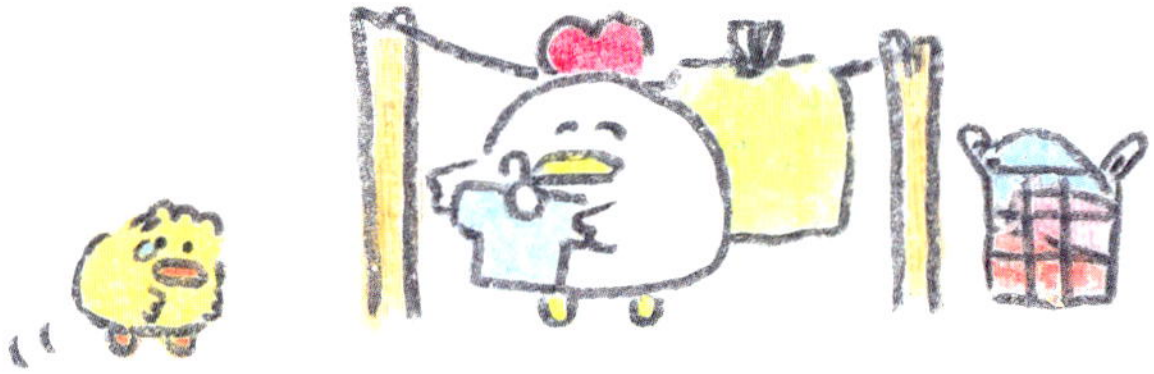

おいでおいで

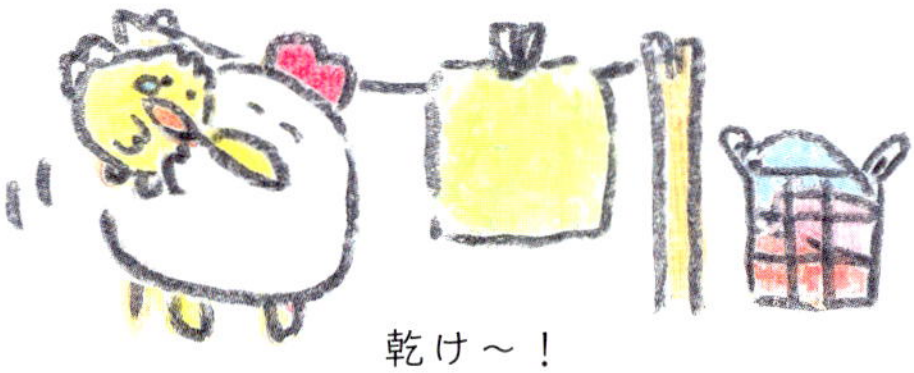

乾け～！
涙も乾け～！

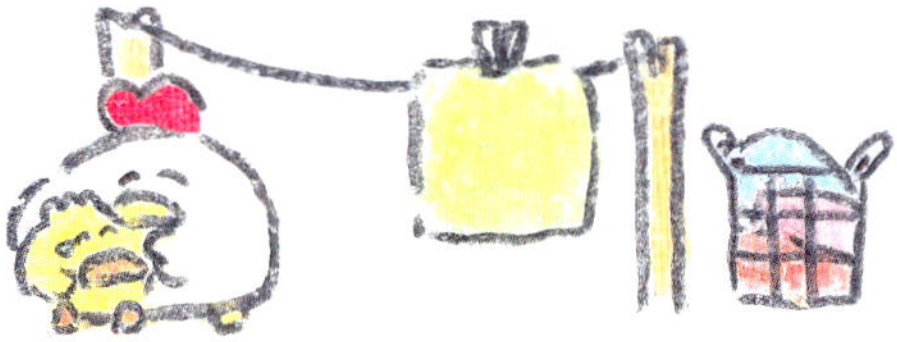

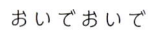

きみがいてくれるだけで
こんなにうれしい

音を感じたとき、言葉に触れたとき、
いつもきみを思い出す。

# さみしいボタン

ちょっとだけ
あっちに行くね。
さみしくなったら
ボタンおしてね！

さみしく
なっちゃった？

# 茶柱をたててあげたいフクロウ

# 夏をみせてあげたいシロクマ

わぁ〜きれい〜！！！

雪だるまさんたちも
写真とろう

冬もとってもきれい

たわしをなかまだと思ったハリネズミ

お友だち、なる？

明日が不安でねむれない人のところに現れるブタたち

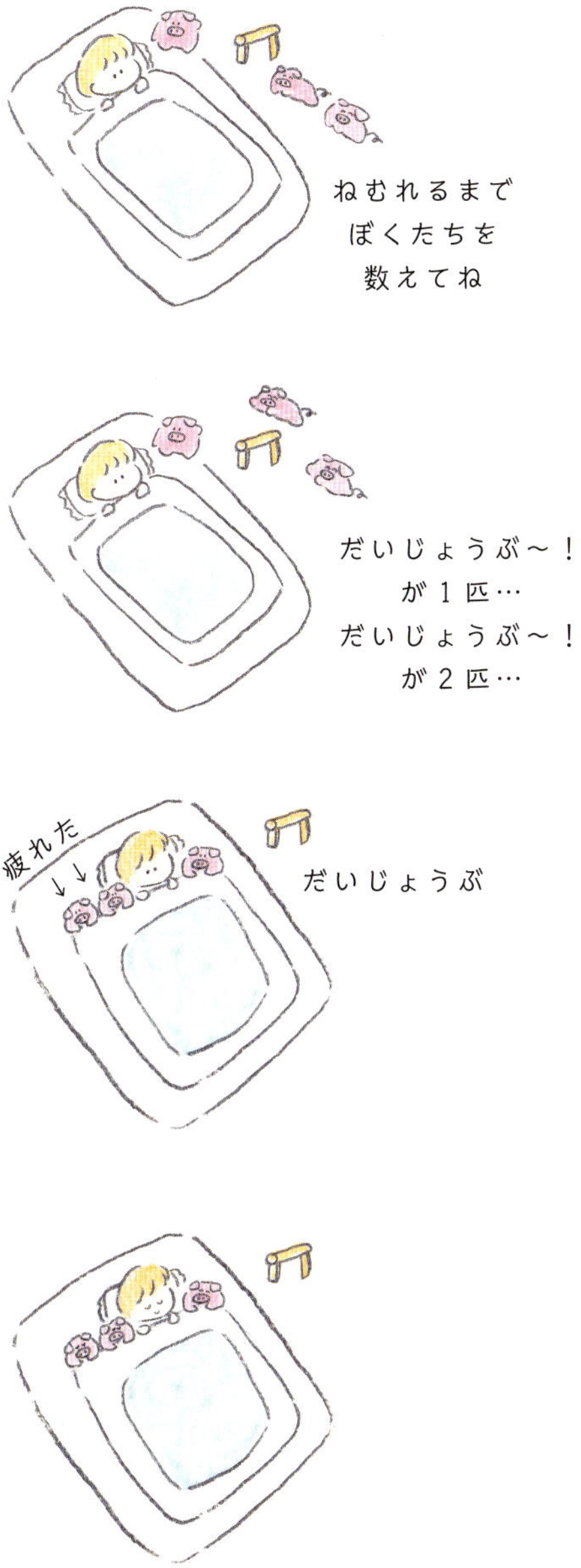
ねむれるまで
ぼくたちを
数えてね
だいじょうぶ～！
が１匹…
だいじょうぶ～！
が２匹…
疲れた
だいじょうぶ

COLUMN

# あの子たちは…

今向かっています

COLUMN

# そのころ、

オニも内

大丈夫になあれ。
みんな、
大丈夫になあれ。

過去があって今のきみがあるなら
未来のきみは今があるから。
今からでも遅くないんだよ。一緒に歩こう。

自分ばかりが不幸だとか。
それはまだわからないよ。

泣いて笑って怒って落ち込んで。
まるごとのあなた。まるごとだいすきよ。

会えて幸せ。
今日がおわってもまた会えるならもっと幸せ。
これが過去になってしまっても、
きみの今に出会えたわたしはずっと幸せ。

じつは光はすぐそばにあって、
あと少しの勇気だけで届くかもしれない。

ひとりでできることだけが
できること
ではないのだから。

気持ちがあればいつだって
わたしたちはなんにでもなれるの

涙は流すためにある。言葉は伝えるためにある。
わたしはあなたを抱きしめるためにいる。

あなたがみるすべて、あなたの世界。
なにみえてもなにがすきでも、なんだっていいの。

今わたしがあなたを失ったら、わたしは一生あなたを忘れない。
まだこれからもあなたと一緒にいられるのなら、
覚えきれないほどたくさんの思い出をつくるんだ。

ごめんなさいの分だけ、それ以上に、ありがとうを伝えたい。

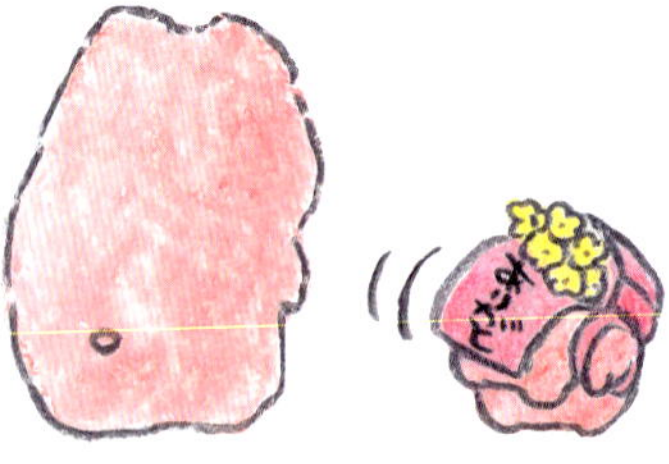

いつだって、だれにだって、今しかできないことがある。

あなたを想うだれかが
きっといる

明日もがんばろう

きっと…
だいじょうぶ！

人の世界を否定すること。
自分の世界も狭くなること。

なくてもいいけど、ないときみじゃないもの。
それがきみらしさ。

きみの悲しみにいい言葉はなんだろう。
ずっと考えているのにうまく言葉にできない。
そんな自分がはっきりと言えること。
きみのことがだいすき。そばでずっと想っているよ。

あなたの幸せはあなたのもの。
あなたの思う幸せを大切にしていい。

ゆっくりみつけるのもいいんだよ。
あなたにはずっとこれからが待ってる。

わたしひとりじゃ、ひとつだった。
きみが来て、ふたつになった。

笑顔に救われる

成人の日おめでとう。
あなたの幸せをだれよりも願っているよ。

きみが幸せだったと思えているなら
幸せだったなあ。

わたしの人生にあなたを。
あなたの人生にわたしを。
入れてくれてありがとう。

# 明日が不安でねむれない人のそばにいるブタ

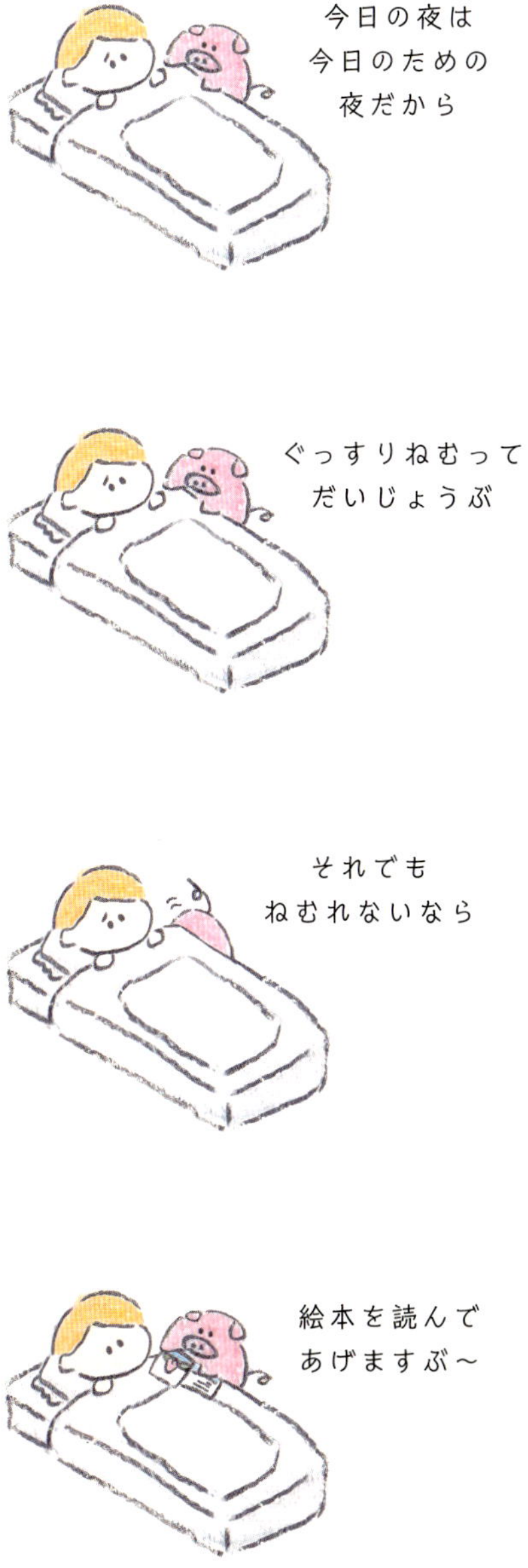
今日の夜は
今日のための
夜だから
ぐっすりねむって
だいじょうぶ
それでも
ねむれないなら
絵本を読んで
あげますぶ〜

# おわりに

娘とお散歩していると
しんでしまったトカゲを運んでいる
アリの群れをみつけた。
そんなアリたちをみて娘は
「トカゲさんがんばれ〜！って言ってるみたいねえ！」と。
そう思ってみると、こんな優しい世界もあるんだね。

優しさは、だれかが気づいて優しさになるのかもしれない。
それは今日も、そこらじゅうにたくさん転がっている。
でも優しさって、だれかに対してだけじゃない。
疲れた自分をお布団に連れていく。
これも立派な優しさです。

わたしの言葉を、わたしの絵を、
みてくれる、受け止めてくれる

あなたが今日もだいすきです。
どうかこれからもあなたでいてね。

また会おうね！

わたしは優しくないけれど
きみはわたしにいつも優しい。
どうしたらきみのようになれるかな。
こんなわたしを
きみはすきだと言ってくれる。
わたしだって。わたしのほうが。

わたしは優しくないけれど
あなたはわたしを優しいと言う。
わたしはあなたがいることで
心が安らぐ。あたたかくなる。
これが優しさだと言うのなら
わたしを優しくさせるのはあなたでしょう。

だからわたしは言うのです。
あなたがすきだよ。
あなたが、あなただから、すきだよ。

デザイン／鈴木千佳子

校正／麦秋新社

編集／安田 遥（ワニブックス）

# あの子は優しい。<br>気づいたあなたもきっと優しい。

著者／もくもくちゃん

2019年12月3日　初版発行

発行者／横内正昭

編集人／青柳有紀

発行所／株式会社ワニブックス

〒150-8482　東京都渋谷区恵比寿4-4-9　えびす大黒ビル

電話　03-5449-2711（代表）　03-5449-2716（編集部）

ワニブックスHP　http://www.wani.co.jp/

WANI BOOKOUT　http://www.wanibookout.com/

印刷所／株式会社美松堂

DTP／株式会社オノ・エーワン

製本所／ナショナル製本


ISBN 978-4-8470-9851-2

アザラシール
がんばったね

カミナリ
さまから
おへそ
とられるゾ